Crecer es despedirse sin decir
adiós.
Es mirar atrás y ver a la niña que
fuimos,
jugando entre los restos de lo que ya no somos.

Hay duelos que no se lloran,
se habitan.
Se camina con ellos hasta que dulen menos.

La adultez no llega de golpe,
se cuela entre los días y las noches
cuando aprendemos a abrazarnos sin promesas,
a seguir, incluso con las manos vacías y un
corazón dañado.

Porque crecer no es dejar de ser niño,
es aprender a cuidarlo,
aunque el mundo nos haga olvidarlo.

QUERIDA YO: ESTAS SON LAS PALABRAS QUE ME HABRÍA GUSTADO ESCUCHAR

ExLibric

SONIA SALIO

QUERIDA YO: ESTAS SON LAS PALABRAS QUE ME HABRÍA GUSTADO ESCUCHAR

EXLIBRIC

ANTEQUERA 2025

QUERIDA YO: ESTAS SON LAS PALABRAS QUE ME HABRÍA GUSTADO ESCUCHAR
© Sonia Salio
Diseño de portada: Dpto. de Diseño Gráfico Exlibric

Iª edición

© ExLibric, 2025.

Editado por: ExLibric
c/ Cueva de Viera, 2, Local 3
Centro Negocios CADI
29200 Antequera (Málaga)
Teléfono: 952 70 60 04
Fax: 952 84 55 03
Correo electrónico: exlibric@exlibric.com
Internet: www.exlibric.com

ISBN: 979-13-87944-95-7
Depósito Legal: MA 1759-2025

Impresión: PODiPrint
Impreso en Andalucía – España

Nota de la editorial: ExLibric pertenece a Innovación y Cualificación S. L.

SONIA SALIO

QUERIDA YO: ESTAS SON LAS PALABRAS QUE ME HABRÍA GUSTADO ESCUCHAR

*A todas esas personas que día a día luchan
por sus sueños e ilusiones.*

Índice

Advertencia 13

Prólogo psicológico 15

Prólogo..19

1. El amor..21

2. Sentir demasiado 39

3. Crecer duele, pero también es hermoso 53

4. Sueños, futuro y sociedad 65

5. Lecciones que no enseñan en la escuela 79

6. Momentos que se quedan para siempre.........95

Epílogo...111

Agradecimientos 113

Advertencia

Querido lector:

Antes de sumergirte a leer este diario, quiero dejar claro que este libro no pretende ser un libro psicológico. Es el diario de una joven adulta que está descubriendo el mundo y quiere compartir sus reflexiones y su aprendizaje.

Si te sientes identificado con algo de lo que se cuenta en el libro, esta autora, desde su experiencia, te abre las puertas para que vayas a terapia, pues a ella la terapia le salvó la vida.

Prólogo psicológico

Si hay algo en lo que todas las personas coincidimos, a pesar de nuestras diferencias, es en que no somos de hierro, ni tampoco robots. Todos sufrimos y sufriremos. Realmente, esto no es algo que deba apenarnos, sino al revés; es la máxima prueba de que somos plenamente humanos y tenemos emociones, las cuales nos han ayudado a sobrevivir como especie y a llegar a donde estamos.

Desde pequeños aprendemos que sufrir es algo malo y que hay que evitarlo, lo cual a simple vista parece lógico, ya que a nadie le gusta pasarlo mal y es comprensible. Sin embargo, ¿y si hay ocasiones en las que no evitar el sufrimiento puede ser precisamente lo que hará que sufras menos?

Los humanos funcionamos a base de aprendizajes, ya que nadie nos ha dado un manual de instrucciones que nos enseñe cómo vivir la vida; en cada momento actuamos según lo que en un pasado nos funcionó o creemos que podría funcionarnos, e incluso en función de las reglas de la propia sociedad en que vivimos. Es decir, estamos todo el rato tomando decisiones y, como es lógico, es imposible actuar siempre de forma perfecta en todas las situaciones, principalmente porque ¿qué es actuar de forma perfecta?

De este modo, como también es muy humano buscar estrategias para hacer desaparecer el sufrimiento que sentimos, tendemos a buscar cualquier cosa que lo alivie rápidamente.

Por ejemplo, imagina una persona que se quedó un día encerrada en un ascensor. Desde ese día, cada vez que ve uno, empieza a pensar «seguro que vuelvo a quedarme encerrada», «seguro que se va a caer justo cuando esté yo dentro». A raíz de esos pensamientos empieza a sentir miedo y ansiedad. ¿Qué es lo más probable que haga el día en que tenga que subir a un quinto piso? Seguramente, busque una estrategia para aliviar ese malestar tan desagradable que aparece al pensar en subir en ascensor. Por ejemplo, optará por ir por las escaleras. A corto plazo, esta estrategia alivia el malestar y hace que el miedo desaparezca, ya que los pensamientos sobre lo que podría pasar nunca se llegan a comprobar; sin embargo, a largo plazo, ¿le está siendo útil?

Quizá lo que pueda generarle a esa persona más confianza y seguridad en el largo plazo sea poner a prueba esos pensamientos, a pesar del malestar y sin intentar evitarlo, porque ¿qué se le pasará por la cabeza la decimoquinta vez que se suba a un ascensor y compruebe que no se cae ni se queda encerrada? Probablemente, seguirá teniendo algo de miedo y ansiedad, pero no será ni mucho menos tan intenso como al principio y podrá llegar a los sitios mucho más rápido.

Nuestra vida está plagada de estos ejemplos. Hasta cuando queremos mucho a alguien, nos viene el pensamiento irremediable de «y si un día no está, el sufrimiento será enorme». Siendo así, ¿cómo no vamos a hacer lo necesario para evitarlo? La clave está en que sufrir es parte de la vida. Podría decirse que es la doble cara de la moneda de querer con intensidad. Pretender «no sentir» o que algo que nos importaba no nos duela es luchar contra nuestra naturaleza y, sobre todo, ¿y si esas emociones, aunque sean desagradables, están intentando informarnos de algo importante? Como que tenemos que hacer algo para protegernos, cuidarnos o, incluso, de que podemos estar en peligro.

En el ejemplo del ascensor, no es la emoción la que «se equivoca», ya que cumple su función: informa del peligro implícito en el pensamiento de que el ascensor seguro que se rompe cuando entre. Ahora bien, aceptando que existe y es una experiencia humana, podremos entender por qué aparece y cómo actuar en consecuencia.

Además, cuando decimos «no quiero pensar», «no quiero sentir», realmente es como si yo te digo «ni se te ocurra pensar en un gato morado». Apuesto a que lo primero que se te ha pasado por la cabeza en este instante es precisamente un gato morado. Podríamos decir que intentar evitar algo que nos genera malestar y hacer como que no existe produce el efecto contrario e incluso se hace más fuerte.

En conclusión, aceptar que sufrir forma parte de la vida no significa resignarnos, sino entender que el malestar no es un enemigo; está ahí porque cumple una función y es una experiencia humana que nos permite actuar de una forma u otra. La pregunta quizá no sea cómo dejar de sufrir, sino cómo aprender a relacionarnos con el sufrimiento sin que nos impida vivir, querer o cuidarnos.

ANDREA GONZÁLEZ PASCUAL
@psicodeand

Prólogo

Querida yo:

No sé bien cómo empezar esto. Es como abrir un cuaderno en blanco y no saber si lo que vas a escribir será suficiente para explicar todo lo que sientes.

Este libro, o más bien diario, no tiene respuestas mágicas; no te voy a decir cómo vivir la vida, porque ni yo misma lo sé. Solo quiero dejar por escrito todas esas cosas que me habría gustado escuchar cuando tenía tu edad: los días en que me sentía sola, cuando el amor me dolía, cuando no entendía por qué la vida cambiaba tan rápido…

Aquí hay recuerdos, confesiones y aprendizajes que llegaron tarde, pero que igual quiero contarte. No son consejos de alguien que lo sabe todo, son cartas de alguien que también se equivocó, lloró, rio y se enamoró con demasiada prisa.

Tal vez, mientras lees, te des cuenta de que muchas de estas páginas también podrían ser tuyas. Que las dudas, los miedos, las risas y los sueños se parecen más de lo que creemos.

Si este libro logra hacerte sentir un poquito menos sola, o te trae calma en medio del caos, entonces habrá cumplido su propósito. Así que, aquí vamos. Estas son las palabras que me habría gustado escuchar cuando tenía tu edad y que ahora quiero compartir contigo.

Con cariño, tu yo del futuro.

1

El amor

Para hablar del amor, me gusta recurrir a la mitología griega. En sus historias, encontramos de todo: **amores eternos**, como el de Eros y Psique; **amores que traicionan**, como el de Zeus y Hera, y **amores que terminan en tragedia**, como el de Orfeo y Eurídice.

El amor es una montaña rusa de emociones, capaz de llenarte el alma o de consumirte por completo. En este camino te vas a encontrar de todo: personas que te amarán, pero que el destino separará de tu vida, y otras con el alma de Zeus, que te enseñarán una lección importante. Pero el amor más crucial de todos, el que nunca te abandonará, es el **amor propio**.

Durante este tiempo, has explorado esa parte amorosa que has trabajado y sanado, y es una experiencia maravillosa. Ahora amas de una forma muy bonita, con la intensidad de un primer amor, pero con la madurez de algo bien trabajado. Ahí está el verdadero equilibrio: *amar* y *disfrutar,* pero sin dejarte de lado ni hacerte daño.

Aprenderás que la confianza y la comunicación son los pilares de cualquier relación, y que a veces tendrás conversaciones incómodas que preferirías evitar. Aprenderás a poner límites para quererte a ti misma, a valorar el amor de tu familia y a entender que el amor en las amistades puede cultivarse o desvanecerse.

Así que, pequeña Sonia, tienes las puertas abiertas a este capítulo lleno de emociones. Pasa y, al entrar, cierra la puerta.

EL AMOR QUE EMPIEZA CONTIGO

¿Qué diría la gente, recortada y vacía,
si en un día fortuito, por ultrafantasía,
me tiñera el cabello de plateado y violeta…?
¿Irían a mirarme cubriendo las aceras?
¿Me quemarían como quemaron hechiceras?
¿Campanas tocarían para llamar a misa?
En verdad que pensarlo me da un poco de risa.
Alfonsina Storni

Querida yo:

Menudas batallas hemos tenido en el ámbito del amor,
¿eh? Sobre todo, del amor propio: aceptarnos, poner límites,
respetarnos, AMARNOS.

Las comparaciones con los demás, las redes sociales,
los comentarios dañinos de las personas que queremos
son un arma que, como atinen de lleno, te pueden llegar
a paralizar completamente.

Así que, pequeña Sonia, si tuviese que darte motivos
para amarte con locura, no sabría ni por dónde empezar;
tendrás etapas duras de la vida, complejos, frustración, que-
rrás complacer a todo el mundo y te olvidarás de ti, pero
aquí está tu yo adulta, la cual cada día sigue conociendo
más partes de este universo que es Sonia para explicarte
que ERES ÚNICA.

Has venido a este mundo por un motivo, el cual poco a poco vas descubriendo y, como tú, no hay otra persona. Ahora mismo, en este instante, en este espacio de tiempo solo hay una tú que tiene no un mundo, sino UNA GA-LAXIA por dentro que descubrir.

Sé que sueñas con que alguien te mire como en las películas, que te escriba mensajes de amor, que te diga que eres única, que haga que todo tenga sentido. Lo entiendo, todas queremos sentirnos elegidas y especiales. Pero déjame contarte algo que me tomó años aprender: *el amor más importante de tu vida no va a llegar de fuera, crecerá **dentro de ti**.*

Recuerdo cuando te mirabas al espejo y siempre encontrabas algo que no te gustaba: el pelo, las caderas, la voz, el abdomen… Recuerdo cuando pensabas que valías más si sacabas buenas notas, si eras la amiga divertida, si eras complaciente con los demás. Era como si tu valor dependiera de un montón de cosas que no podías controlar.

Pero aquí está la verdad que nadie te dijo: ***no necesitas validación externa para ser valiosa***.

El amor propio no es mirarte al espejo y sentirte perfecta todo el tiempo o superior a los demás. Es algo mucho más sencillo y especial a la vez:

- Es tratarte con la misma amabilidad con la que tratas a tu mejor amiga.
- Es perdonarte cuando cometes un error en vez de repetirlo en tu cabeza mil veces.

- Es decir «no» cuando algo te duele, aunque tengas miedo de decepcionar a otros.
- Es cuidar tu cuerpo, tu mente, tu corazón, como si fueran un jardín que merece florecer.

Porque el día que entiendas que **tu paz vale más que agradar a los demás** y que **tu alegría no depende de nadie**, ese día tu mundo cambiará.

Te vas a dar cuenta de que puedes estar sola sin sentirte vacía. Que puedes elegir con quién compartir tu vida, no desde la necesidad, sino desde la libertad.

El amor propio es el inicio de todo lo demás:

- Con él, las amistades son más sanas.
- Con él, las relaciones no te consumen.
- Con él, sabes que mereces respeto, siempre.

Así que, por favor, empieza a hablarte bonito, a agradecerle a tu cuerpo por llevarte a todos lados, a perdonarte por no ser perfecta, a ponerte en primer lugar. Porque, pequeña Sonia, el amor que empieza contigo es el que después se derrama en todo lo demás.

Con cariño, tu yo del futuro.

EL AMOR QUE TE SOSTIENE: LA FAMILIA

Querida yo:

Sé que a veces sientes que tus padres no te entienden, que no te dejan salir cuando «todas» tus amigas sí pueden y sé que te molesta cuando te dicen que «es porque aún eres muy pequeña».

Pero quiero que sepas algo que tal vez ahora no ves: **esa es su forma de amar**.

El amor de familia no siempre es perfecto. Hay gritos, silencios, peleas, pero también hay gestos que con los años entiendes:

- La comida que te dejaron servida, aunque llegaron cansados del trabajo.
- El abrigo que insistieron en que llevaras y te salvó del frío.
- Las veces que te escucharon llorar detrás de la puerta, aunque no supieran qué decir.
- Esos «buenas noches» todos los días.
- Los consejos cuando los necesitabas o las conversaciones por las noches.
- Los momentos de silencio, pero rodeada de la gente que quieres.
- Las noches de películas y cena.
- Las veces que te han escuchado, aunque no entendían del tema muy bien y hacían lo que podían.

- Esos «tu hermano se ha acordado de ti y me ha dado esto para ti».

A veces creemos que el amor familiar debería ser como en las películas: todo abrazos y sonrisas. La realidad es que hay días difíciles, pero si miras con cuidado, verás que la familia es como esa red invisible que está ahí cuando todo lo demás falla.

Y sí, crecer significa poner límites, significa aprender a hablar cuando algo te duele, aunque sea con miedo. Pero también significa entender que nuestros padres, abuelos o hermanos no son perfectos y, aun así, muchos de ellos nos aman lo mejor que pueden.

Un día, cuando vivas sola o cuando la casa ya no suene igual, vas a agradecer ese plato de sopa caliente, esas veces que te acompañaron al colegio, esos «abrígate» que te atormentaban, pero eran puro cuidado. Porque la familia es ese amor que, aunque a veces no se diga, **siempre sostiene**.

Pequeña Sonia, un día tu hermano se irá de casa y el sonido de esta cambiará por completo y cada noche mirarás la antigua habitación de tu hermano y recordarás las veces que entrabas y le dabas las buenas noches, cuando jugabais por la casa o te asustaba por las noches para hacerte de rabiar.

Cuando era más pequeña, él era como una **ventana a mi futuro**. Me fijaba en lo que hacía, en los amigos que tenía, en las películas que veía. Me daba una idea de lo que me esperaba, de lo que significaba crecer.

La diferencia de edad que tenemos hacía que no pudiésemos estar muy conectados al estar en etapas de vida completamente diferentes. No es una relación como la de otros hermanos; *es más profunda, más silenciosa y, a la vez, más sólida.* Es un lazo que se construyó con cuidado, con paciencia y con un amor que se parece a la lealtad. Es nuestro lazo, y no lo cambiaría por nada del mundo.

Pequeña Sonia, aunque creas que ahora él está muy desligado de ti, no significa que no te quiera; está descubriendo su propio mundo y tú estás en su mente, aunque no te lo diga.

Por otro lado, tienes a mamá y papá. Mamá siempre ha estado ahí contigo, presente en cada momento de tu vida y hoy en día sigue igual; se ha convertido en tu confidente, en ese hombro en el que apoyarte cuando sientes que la vida te aplasta con sus tiempos, prisas y prejuicios. Habrá veces que no te entenderá, al igual que papá, pero que no te quepa duda de que hacen lo que pueden para poder entenderlo y ayudarte.

También tenemos a papá. Aunque el trabajo lo alejó de ti, estás empezando a conectar con él, a entenderlo y a no juzgarlo. Simplemente lo estás conociendo como padre y como humano; te ayudará a conectar con tus raíces, y aunque papá no sea persona de muchas palabras en temas emocionales, aprenderás que si alguna vez te pasa algo, podrás contárselo y hará lo que pueda para ayudarte. Papá es como un libro cerrado, tienes que darle tiempo y cariño para que puedas conocerlo, no como padre, sino como persona. Y es que muchas veces las personas solo necesitan tiempo y confianza.

Como ves, tu familia es muy diversa y poco a poco los vas conociendo como seres humanos, personas con sus fallos y sus aciertos, con sentimientos y pensamientos profundos. Quédate con todo lo bueno que te van a dar los tres, porque llegará un momento en el que Mario se irá de casa y un punto lejano donde tus padres no estarán ahí contigo.

Tienes tu propia familia, única, y aunque no sea perfecta, porque ninguna lo es, tienes que saber que son como *una tela de araña y nunca te dejarían caer al vacío, y que cada uno de ellos merece ser amado y recordado por lo que fueron contigo.*

Con cariño, tu yo del futuro.

EL PRIMER AMOR:
CUANDO TODO ES NUEVO

Dame la mano y danzaremos; dame la mano y me amarás.
Como una sola flor seremos, como una flor,
y nada más...
Gabriela Mistral

Querida yo:

Te acuerdas de él, ¿verdad? Ese primer chico que te hizo sonreír con un simple «hola». Esa persona que te hacía revisar el móvil cien veces por si había un mensaje, aunque sabías que no iba a llegar tan rápido. Ese primer amor que parecía sacado de una película, pero que en la vida real venía con silencios, nervios y corazones dibujados en la esquina del cuaderno.

El primer amor es así: llega sin pedir permiso y nos enseña que *el corazón puede latir más rápido por alguien que antes era un desconocido.* Es un terremoto en la cabeza y en el pecho.

Recuerdo esa vez que pasaste horas escogiendo qué ponerte para verlo, como si todo dependiera de ese encuentro. Recuerdo también la primera decepción: el mensaje que nunca llegó, la mirada que empezó a ser menos brillante.

Duele, claro que duele. A esa edad parece que el mundo se acaba porque alguien deja de mirarte como antes. Pero escucha esto: **el primer amor no es el único amor.**

Con el tiempo vas a descubrir que ese sentimiento no se acaba con una persona. Que hay muchos amores por venir: algunos fugaces, otros intensos, otros tranquilos como una tarde de otoño. Aprenderás que cada amor enseña algo distinto: el valor de reír juntos, la importancia de respetar espacios, la belleza de ser tú misma sin miedo.

El primer amor no es menos valioso por terminar. Es importante, porque te muestra que eres capaz de sentir, de abrir el corazón, de soñar con alguien más. Y eso ya es un regalo.

Así que llora si necesitas llorar, escribe poemas tristes si te ayudan… Pero, pequeña Sonia, no creas que todo acaba ahí. Porque un día, cuando menos lo esperes, volverás a sonreírle a alguien nuevo.

Y, sobre todo, aprende a quererte a ti misma tanto como sueñas que alguien te quiera. Ese es el mejor comienzo de todos.

Con cariño, tu yo del futuro.

Cuando el amor duele...
y no debería

Querida yo:

Sé que ahora crees que el amor es aguantar todo; que, si alguien te cela, es porque le importas; que, si se enfada y grita, es porque «te quiere demasiado». Pero quiero que escuches esto con calma: **el amor no debería doler.** Y si duele todo el tiempo, eso no es amor.

Recuerdo ese mensaje estando con mis amigas de control por saber dónde y con quién estaba, y de manipulación y chantaje seguido de un silencio durante tres días.

El amor verdadero no te aísla, no te hace sentir miedo antes de enviar un mensaje, no te hace llorar cada fin de semana porque otra vez hubo un drama.

A veces, la violencia se disfraza:

- Se disfraza de celos que parecen halagos.
- Se disfraza de bromas que, en realidad, son humillaciones.
- Se disfraza de amor cuando, en realidad, es control.

Y tú empiezas a creer que «así es el amor», porque todo el mundo lo dice: que duele, que hay que aguantar, que sin drama no es real. **Pero no.**

Quiero que lo sepas: **amar no es perder la paz**, amar no es pedir perdón por cosas que no hiciste, amar no es sentir miedo de ser tú misma.

Si alguien te hace sentir menos, si te grita, si te manipula para que no te vayas, no es amor, es violencia. Y no importa la edad: tienes derecho a decir **NO**.

No es tu culpa. Nunca es tu culpa.

Hablar con alguien no te hace débil. Contarle a una amiga, a tu madre, a tu padre, a un profesor, a quien sea… es un paso enorme. Porque nadie debería cargar con ese peso sola.

Un día, pequeña Sonia, te prometo que vas a descubrir un amor distinto: uno que no te hace llorar a escondidas, que no te pide que cambies, que te da calma, risas tontas, abrazos que no asfixian. Ese amor existe.

Así que, si algo te duele, si algo te asfixia, si algo te rompe más de lo que te construye, por favor, **vete**. Siempre hay vida después de un corazón roto. Y hay amores más sanos, más libres, más bonitos esperándote.

Con cariño, tu yo del futuro.

El amor que ríe contigo: la amistad

Querida yo:

Te acuerdas de las primeras amigas que hiciste en el colegio, ¿verdad? Esas con las que compartías el recreo, los secretos, las risas que los profesores no entendían.

Qué bonito es tener a tu lado a una persona que te entienda con un solo gesto, ese o esa compañero o compañera de aventuras que esté a tu lado en las buenas y en las malas. Y es que, pequeña, esta vida es como un tren con sus estaciones y sus paradas donde las personas suben, bajan e incluso se vuelven a subir.

Con esta alegoría quiero contarte tres casos de pasajeros en mi vida:

- La **primera pasajera** se subió al tren casi al inaugurarse. Estuvo subida en este tren durante muchos años y, con el paso de estos, empezó a bajarse y subirse en determinadas estaciones, hasta que un día no volvió. En cada parada mirabas con la esperanza de que volviera. Le escribías para saber de ella, pero nunca hubo respuesta, solo encuentros esporádicos.

Con esta pasajera entendí que habrá personas que te acompañen durante un trayecto muy largo de tu vida, pero que, al final, cada una tiene su vida y llegará un día que esa persona haya cumplido su función a tu lado, te haya dado buenos momentos, enseñanzas, apoyo… Que llega su fin y tiene que seguir su camino. Son amigas que aparecen y que recordarás siempre, porque te habrán dejado el corazón pleno y los recuerdos seguirán ahí para recordarlas con una sonrisa.

- El **segundo pasajero** también estará al principio, pero se tendrá que bajar en una estación y durante muchos años no lo volverás a ver. Sabes que fue un muy buen pasajero y por eso le dejas las puertas abiertas para que vuelva, y cuando lo hace, no se vuelve a bajar y se convierte en uno de los mejores compañeros que puedes tener.

Con este pasajero entendí que la vida tiene muchos caminos, curvas y giros, y que muchas veces esta misma nos separa por diferentes motivos; tal vez para que crezcamos como personas y poder aportarnos mutuamente lo mejor del otro o, simplemente, porque necesitábamos estar lejos el uno del otro.

- Por último, tenemos a la **tercera pasajera**, que es la que se sube en una estación y que, a pesar de los retrasos que pueda tener el tren o los fallos técnicos, decide quedarse esperando y ayudando.

Con esta pasajera entenderás que hay personas en la vida que te elijen, que te ven como un humano, con sus cosas buenas y malas, y que deciden quedarse a tu lado.

Que entienden que la amistad es como una flor que hay que cultivar y cuidar todos los días y que habrá días que estará radiante y otras marchita, pero que no le faltará nunca el agua.

La amistad es ese amor que no necesita flores ni cartas largas para ser real. Es el amor que se construye con cosas simples:

- Las risas hasta que te duelen el estómago y la mandíbula.
- Las conversaciones por teléfono que duran horas y no dicen nada importante.
- Los abrazos después de un día duro.

Con los años aprenderás que no todas las amistades duran para siempre. Algunas se apagan sin un motivo claro; otras se rompen con discusiones que en su momento parecen enormes. Y duele, porque cuando pierdes a una amiga, se siente como si hubieras perdido una parte de ti misma.

Pero también descubrirás que **hay amistades que resisten todo**: la distancia, el tiempo, los cambios. Que aunque pasen meses sin hablar, cuando se reencuentran, es como si nada hubiera cambiado.

La amistad es el amor más libre que existe. No pide tanto, pero da muchísimo: apoyo, risas, comprensión. A veces es más familia que la propia familia.

Así que cuida a esas amigas que te escuchan sin juzgar, que celebran tus victorias, que te dicen la verdad, aunque no te guste. Porque esas amistades son tesoros que te acompañarán incluso cuando todo lo demás cambie.

Con cariño, tu yo del futuro.

2

Sentir demasiado

*Quisiera tener varias sonrisas de recambio y un vasto repertorio
de modos de expresarme. O bien con la palabra, o bien con la
manera, buscar el hábil gesto que pudiera escudarme.*
María Baranda

A veces me siento como si todo en mí estuviera al
máximo volumen.

La gente dice «no te lo tomes tan a pecho», «no es para
tanto», «relájate»… Y yo quisiera poder explicarles que no
es tan fácil, que a veces una palabra pequeña me duele por
días, que una mirada puede alegrarme todo el mes, que mi
corazón parece no tener un botón de «pausa».

Sentir demasiado es llorar con canciones que no tienen
nada que ver conmigo, solo porque alguien en el mundo
está triste y la melodía me atraviesa; es emocionarme con
un mensaje corto, como si fuera una promesa de algo
más grande; es tener miedo de no haber vivido la vida al
máximo volumen.

Cuando siento demasiado, todo es más intenso: la alegría, la tristeza, el amor, la vergüenza, la esperanza. Es un
regalo y una carga al mismo tiempo. Porque cuando la vida

es buena, la vivo con una fuerza que me llena de luz. Pero cuando algo va mal, duele como si fuera el fin del mundo.

He aprendido que no hay nada malo en sentir así, que no necesito pedir perdón por llorar, por emocionarme, por querer demasiado. Que mi sensibilidad no es un defecto: *es la forma en que abrazo el mundo.*

Tal vez sentir demasiado me hace vulnerable, pero también me hace humana. Y prefiero mil veces un corazón que siente a uno que no se mueve por nada. Porque sí, puede que todo me duela más, pero también amo más, río más, vivo más.

Abre tu corazón y siente, siente cada brisa del viento, cada muestra de amor. Siente hasta el último detalle de la vida, porque un día ya no sentirás más.

Prepara tu corazón y ponte el cinturón, porque vienen curvas de emociones.

CUANDO EL AIRE SE VUELVE NUDO

Querida yo:

No sé cuándo empezó exactamente. Solo recuerdo esa sensación rara en el pecho, como si me faltara el aire, aunque todo estuviera bien; como si mi corazón corriera una carrera que yo no había elegido.

La gente decía «tranquila, no es para tanto», «solo estás nerviosa». Y yo asentía, porque era más fácil fingir que entenderme. Pero por dentro… Por dentro era como si el mundo fuera demasiado rápido y yo demasiado lenta para seguirle el ritmo.

La ansiedad es esa invitada que llega sin avisar: cuando tengo que hablar en público, cuando recibo un mensaje que me asusta, cuando pienso demasiado en el futuro. Pero también aparece sin motivo, como si mi mente inventara tormentas donde no hay nubes.

Lo peor es que no siempre se ve. Por fuera puedo sonreír, reír incluso, mientras que por dentro siento que algo no está bien. Y eso cansa. Cansa explicar que no es drama, que no es exageración, *que es real*.

Con el tiempo entendí que no estoy rota, que pedir ayuda no me hace débil, que hay días buenos y días malos, y que ambos caben en mi historia.

La ansiedad no me define, aunque a veces quiera ocupar todo el espacio. Aprendí a respirar profundo, a escribir como ahora, a decir en voz alta «no puedo sola hoy», y descubrí que está bien, que no tengo que poder todo el tiempo.

Supongo que conocer la ansiedad es aprender a hacer las paces con mi mente cuando parece mi peor enemiga y es también un recordatorio de que, incluso en medio del caos, *merezco calma*.

Pequeña Sonia, durante mucho tiempo convivirás con la ansiedad, te comerás la cabeza con toda la presión que la sociedad ejerce sobre cómo tienes que vivir la vida, los tiempos que tienes que cumplir, como si fuese una carrera donde el primero gana el premio de «tener la mejor vida».

Aprenderás que cada uno tiene sus tiempos y que se enfocará en lo que es más importante para él. Tú dedicarás mucho tiempo a sanar en terapia heridas que la vida te habrá hecho y tendrás que frenar partes de tu vida, y aunque pienses que vas lenta, que no llegas, que el tiempo se te echa encima, pequeña Sonia, *estás viviendo tu vida a tu ritmo y de la mejor forma para ti*.

Con cariño, tu yo del futuro.

ESA TRISTEZA QUE NO TENÍA NOMBRE

Querida yo:

No sé cómo explicarlo. Es como una nube gris que aparece sin esperarla, un peso en el pecho que no sabe de razones ni de horarios, un «no sé» que se instala y no se va, aunque todo lo de alrededor parezca estar bien.

Hay días en los que esta tristeza sin nombre llega en silencio. No hay un motivo claro, no hay una pelea, no hay una pérdida. Solo… está. Me hace caminar más despacio, reír con menos ganas, mirar el techo por más tiempo.

Lo difícil es cuando alguien pregunta «¿qué te pasa?» y no tengo respuesta. Porque no hay un porqué y eso lo hace más complicado de explicar, más fácil de esconder.

Con el tiempo he aprendido algo: *no todas las emociones necesitan un motivo para ser reales.* La tristeza puede llegar así, sin permiso, igual que la alegría aparece a veces sin razón.

Antes me enfadaba conmigo misma por sentirme así, pensaba que debía tener «una buena razón» para estar triste. Ahora sé que sentir no es un error, que mi tristeza merece el mismo espacio que mi risa, que llorar un poco no significa que todo esté perdido.

Hay días en que la tristeza me enseña a ser paciente conmigo, a bajar el ritmo, a no exigirme tanto. Porque hasta las nubes más grises, tarde o temprano, dejan pasar el sol, y cuando se van, la vida vuelve a sentirse un poco más ligera.

Conocerás una tristeza que no llora, que no grita, que no deja pistas. Es la que sonríe cuando todos miran, la que dice «estoy bien», porque no quiere preocupar a nadie.

Es la tristeza que te acompaña en el día, a las fiestas, a la cama. Esa que no necesita un motivo para aparecer. Un día te despiertas y ahí está, sentada al borde de la cama, como si hubiera dormido contigo.

No duele como un golpe, duele como un vacío, como si el corazón pesara más de lo que puede cargar. Es esa sensación de estar rodeada de gente y sentirte sola igual. Algunos la llaman «depresión», pero yo no la entendía así al principio. Pensaba que la tristeza siempre debía tener un motivo: una pérdida, un problema, una pelea. Pero no, a veces es como una sombra que llega sin invitación y no se va con un simple «pon de tu parte».

Lo peor es lo invisible. Nadie lo nota si no lo dices, y a veces ni tú misma entiendes qué está pasando.

Con el tiempo aprendí algo que me costó mucho: *no soy débil por sentirme así, no es mi culpa, y que pedir ayuda no me hace menos valiente.* Y hablar de esto no significa que esté exagerando. Significa que quiero aprender a vivir sin esa sombra encima.

Hay días buenos y días malos, pero hasta la noche más larga termina con un poco de luz, y eso, por ahora, me basta para seguir.

Pequeña Sonia, de todo se sale y en este momento descubriste a quien sería tu guía de sanación, diste valor y sentido a ir a terapia y entendiste lo compleja que es la mente, la entendiste gracias a Tamara y sanaste.

La depresión puede volver en cualquier momento por retos y experiencias que la vida te pone en el camino, pero aprendiste a reconocerla y, sobre todo, a entender que la depresión, al igual que la ansiedad, no es algo de lo que avergonzarte, callar o echarte la culpa; forman parte de la vida. Hay que abrazarlas, entenderlas y sanar.

Con cariño, tu yo del futuro.

La dependencia que me comía por dentro

Querida yo:

Hubo un tiempo en el que pensé que necesitar a alguien era lo mismo que amar; que si esa persona no estaba, mi vida se iba a derrumbar; que su cariño era la única forma de sentirme suficiente.

Era como si mi felicidad dependiera de sus mensajes, de su atención, de su sonrisa. Si estaba bien conmigo, yo estaba bien con todo; si se alejaba, sentía que me faltaba el aire.

Ahora lo veo y me duele aceptar que eso no era amor, era dependencia emocional. Me había convencido de que mi valor estaba en cómo me miraba esa persona, en lo que hacía por mí, como si yo no fuera completa por mí misma.

La dependencia se siente como un hilo invisible que te ata, que te hace decir «sí» cuando quieres decir «no», que te hace callar cuando algo te lastima solo por miedo a perder a quien quieres. *Y ese miedo… pesa demasiado.*

Con el tiempo aprendí que amar no debería doler así, que el amor no debería sentirse como una cuerda que aprieta, sino como un espacio donde puedes ser tú misma sin miedo a quedarte sola.

Hoy sé que no necesito a nadie para ser suficiente, que puedo querer a alguien sin perderme a mí en el proceso, que el amor bonito no es el que nos deja vacíos si se va, sino el que nos acompaña sin borrarnos. Y, sobre todo, aprendí que antes de amar a alguien más, tengo que aprender a no soltarme a mí misma.

Pequeña Sonia, no pierdas tu esencia por creer que moldeándote te van a querer más. Sentir constantemente que tienes que comprobar que te quieren es muy asfixiante para vivir así. ÁMATE, porque *quien bien te quiere respetará tu libertad.*

Con cariño, tu yo del futuro.

APRENDER A PEDIR AYUDA
SIN SENTIRME DÉBIL

Querida yo:

Durante mucho tiempo creí que pedir ayuda era rendirse; que si lo hacía, la gente pensaría que era débil, que no podía con mi propia vida. Así que aprendí a decir «todo está bien», aunque por dentro estuviera hecha un nudo.

Guardé tanto que terminé sintiéndome sola incluso estando rodeada de gente, y no porque no hubiera quien me quisiera, sino porque yo no les dejaba ver mi caos. Tenía miedo de que pensaran que era frágil, dramática o un problema.

Esa presión en el pecho, esa angustia surgida de no querer que nadie sepa que estás mal, esa sonrisa que ocultaba detrás un mar de lágrimas, esas noches de insomnio dando vueltas a la cabeza para saber cómo «salir de esta» sin tener que involucrar a nadie, y ese sentimiento de ser una molestia constante que no te deja respirar.

Pero ¿sabes qué, pequeña Sonia? Un día, sin embargo, no pude más. Las emociones me pesaban demasiado. Y cuando por fin dije en voz baja «necesito ayuda», algo cambió. No fue un grito, no fue un discurso. Solo esas dos palabras.

Y descubrí algo que me costó entender: **pedir ayuda no es rendirse**. **Pedir ayuda es ser valiente**. Porque se necesita coraje para abrir el corazón, para admitir que algo te duele, para confiar en que alguien más puede sostenerte un momento mientras recuperas fuerzas.

Pedir ayuda no me hizo menos fuerte, *me hizo más humana*. Me recordó que no tenemos que poder con todo solas, que hay manos, miradas y abrazos dispuestos a estar ahí si nos atrevemos a decir «no puedo sola hoy».

Ahora sé que pedir ayuda no es caer, es empezar a levantarte.

Con cariño, tu yo del futuro.

APRENDER A ESTAR SOLA
SIN SENTIR SOLEDAD

Querida yo:

Antes me daba miedo estar sola. Pensaba que la soledad era ese silencio incómodo cuando nadie contesta tus mensajes, cuando nadie te invita a salir, cuando la casa se siente demasiado grande.

Pero un día descubrí que estar sola no siempre es lo mismo que sentir soledad. Que hay una diferencia enorme entre estar contigo misma y sentirte abandonada.

Al principio fue difícil. Me dolía no tener siempre a alguien con quien hablar, alguien que llenara cada espacio. Pero poco a poco empecé a notar algo bonito: *cuando estás contigo misma, empiezas a conocerte de verdad*. Aprendes qué te gusta, qué te calma, qué te hace reír cuando nadie más está alrededor.

Estar sola me enseñó a no depender de otros para sentirme completa. Me mostró que puedo salir a caminar, leer un libro, tomar un té o escribirte a ti, diario, sin necesitar que alguien más lo apruebe o lo comparta.

Ahora entiendo que la soledad también puede ser un lugar seguro. Un espacio para escuchar mis pensamientos, para respirar sin prisa, para recargarme antes de volver al mundo.

Durante mucho tiempo, ese miedo a la soledad te ha perseguido y ha llegado a acaparar tu mente con pensamientos cada vez más llenos de tristeza.

Pequeña Sonia, entender, abrazar y convivir con la soledad te abrirá las puertas a descubrir tu mundo interior, un mundo tan grande que necesitarías otra vida más para poder comprenderlo al detalle.

Disfruta de quién eres, de tus tiempos contigo misma, de tus emociones y vivencias.

Ya no buscas compañía por miedo al silencio. *Prefieres que las personas estén porque quieres que estén, no porque no soportes estar contigo. Y eso… eso es libertad.*

Con cariño, tu yo del futuro.

3

Crecer duele,
pero también es hermoso

Ida, mi vida,
déjate caer, déjate doler, mi vida,
déjate enlazar de fuego, de silencio ingenuo,
de piedras verdes en la casa de la noche,
déjate caer y doler, mi vida.
Alejandra Pizarnik

Nunca nadie me dijo que crecer dolía. Que no era
solo soplar las velas y pedir deseos, sino también dejar atrás
personas, lugares y versiones de mí que ya no volverán.

Crecer duele, porque un día te das cuenta de que la vida
cambia, aunque no quieras; que las amistades de la infancia
a veces se deshacen en silencio; que la casa que llamabas
hogar cambia; que hay despedidas que llegan sin aviso y
que hay responsabilidades que aparecen sin invitación.

Duele porque entiendes que no todo es para siempre
y que tú tampoco eres la misma.

Pero también he aprendido que crecer es hermoso,
porque en medio del dolor, descubres nuevas sonrisas,
nuevos caminos, nuevas formas de ser tú. Porque aprendes
a soltar lo que pesa y a quedarte con lo que importa.

Crecer es ver cómo algo en ti se rompe solo para dejar espacio a lo que te hará más fuerte. Es aprender a reír en los días buenos y a sobrevivir a los días malos, sabiendo que no durarán para siempre.

Tal vez ese sea el regalo de crecer: *no que deje de doler, sino que entiendes que cada cambio trae algo nuevo, algo que antes no podías ver.* Y sí, duele. Pero también es hermoso.

Dame la mano y empecemos a caminar juntas todos los años que nos quedan por delante.

Quién soy cuando nadie me ve

Querida yo,

A veces me pregunto quién soy cuando nadie me ve. Cuando no hay amigos, ni redes, ni alguien que espere algo de mí. Creo que en esos momentos aparece mi versión más real. La que canta bajito canciones que nunca compartiría, la que llora por cosas que ya pasaron hace tiempo, la que ríe sola por un recuerdo tonto o se emociona con una película triste.

Cuando nadie me ve, no soy la chica que tiene que estar bien todo el tiempo. Puedo ser desordenada, miedosa, incluso un poco dramática. Puedo hablar con el espejo, bailar sin música, escribir cartas que nunca voy a enviar y soñar con miles de escenarios de vidas diversas.

Y lo más curioso es que en esa soledad descubro cosas de mí que no sabía: que me gusta el silencio, que disfruto tarareando melodías que mi cabeza va improvisando, bailar sin música; que a veces soy más fuerte de lo que creo y otras no necesito ser fuerte para existir. Y es que durante mucho tiempo me dio miedo dejarme ser.

Cuando nadie me ve, soy yo sin disfraces. Sin los «debo ser así» o «debería hacer esto». Solo yo. Y aunque, al principio, me daba miedo mirarme sin todo lo que me rodea, ahora siento que ese es el momento donde más me encuentro.

Porque, al final, si no sé quién soy cuando nadie me ve, ¿cómo voy a saber quién soy para el resto del mundo?

Por todo esto, pequeña Sonia, no tengas miedo de descubrirte, de enseñar al mundo esas virtudes que temes que conozcan por miedo, porque el día de mañana verás que *no hay mejor vida que la vivida siendo simplemente tú.*

Con cariño, tu yo del futuro.

CAMBIAR DE OPINIÓN,
CAMBIAR DE SUEÑOS, CAMBIAR DE PIEL

Querida yo:

Por mucho tiempo creí que cambiar era fallar. Que si dejaba un sueño atrás o si ya no pensaba igual que antes, significaba que no era lo suficientemente firme, que algo en mí estaba mal. Pero crecer me enseñó que la vida es cambio constante, que no somos las mismas personas que éramos hace un año, un mes; a veces ni siquiera ayer.

He cambiado de opinión sobre cosas que antes defendía con toda el alma y reafirmado otras que siguen mi camino. He dejado sueños que pensé que durarían para siempre, he cambiado de gustos, de caminos, de formas de ver la vida. Y aunque al principio me dio miedo, ahora entiendo que eso también es parte de vivir.

Cambiar de opinión es atreverse a aprender. Cambiar de sueños es abrir espacio para nuevas oportunidades. Cambiar de piel es aceptar que no siempre vamos a ser la misma versión de nosotros mismos, y que eso está bien.

No hay nada malo en soltar lo que ya no nos hace felices, en dejar ir la idea que teníamos de quién debíamos ser para dar paso a quien realmente queremos ser ahora.

Cambiar no es perderse. Cambiar es encontrarse otra vez, de formas que antes no imaginábamos. Y me gusta pensar que cada cambio, por pequeño que sea, es solo una forma diferente de seguir creciendo.

Pequeña Sonia, cambiar es parte de la vida, es como un papel en el cual trazas, borras, vuelves a trazar y coloreas. No tengas miedo de cambiar porque eso te acercará más a ti.

Con cariño, tu yo del futuro.

EL ESPEJO Y YO:
UNA RELACIÓN COMPLICADA

Querida yo:

El espejo y yo nunca fuimos mejores amigos. Recuerdo cuando era más pequeña y podía mirarme sin pensar demasiado, sin contar defectos ni buscar «errores» en mi reflejo. Pero en algún momento todo cambió.

Un día empecé a notar cosas que antes ni veía: la forma de mi cuerpo, mi piel, mi sonrisa; como si de pronto hubiera reglas invisibles que yo tenía que seguir para «encajar» en un molde que no comprendía.

El espejo dejó de ser solo un pedazo de cristal y se volvió juez. Me decía si estaba «bien» o «mal», si podía salir sintiéndome bien o si debía esconderme un poco más. *Y yo le creía.*

Con el tiempo me di cuenta de que el espejo nunca tuvo la culpa. Lo que veía ahí no era mi cuerpo, sino todo lo que yo pensaba de él. Eran las comparaciones, los comentarios de otros, las imágenes «perfectas» que veía en todos lados.

Poco a poco estoy aprendiendo algo: *mi reflejo no es mi valor.* Mi cuerpo no es una excusa para quererme menos, mi cara no tiene que gustarle a nadie para ser mía y estar bien así.

Ahora, cuando me miro, trato de hacerlo con más cariño. Con la misma ternura con la que miro a mis amigas cuando ellas hablan mal de sí mismas y yo sé que son preciosas, aunque no lo vean.

Porque, al final, quiero llegar a un punto en el que el espejo y yo podamos ser amigos otra vez. No para ver a alguien «perfecto», sino para ver a alguien real y quererla tal como es.

Pequeña Sonia, si pudiese darte un consejo, te diría que, al igual que la vida, los cuerpos cambian y que el tuyo es perfecto tal como es por el hecho de ser tuyo y permitirte hacer todas esas cosas que disfrutas en tu día. No lo odies, no lo castigues, porque no se merece ser el mártir de una sociedad movida por filtros.

Con cariño, tu yo del futuro.

Dejar de compararte con los demás

Querida yo:

Durante mucho tiempo miré a los demás como si ellos tuvieran un mapa de la vida y yo estuviera perdida sin instrucciones. La forma en que hablaban, cómo se vestían, sus notas, sus amigos, sus cuerpos, sus sueños... todo parecía mejor que lo mío. Y yo me miraba a mí misma y pensaba: «No soy suficiente».

Lo peor de compararte es que siempre pierdes, porque siempre habrá alguien más guapo, más talentoso, más extrovertido... y siempre habrá alguien con una vida que desde afuera parece perfecta, aunque por dentro tal vez no lo sea.

Un día me di cuenta de algo que me costó aceptar: *la comparación es una trampa. Es como mirar solo las luces del escenario de otra persona sin ver los ensayos, las caídas, las lágrimas que no enseñan.*

Cada uno vive su propia historia, y yo estaba demasiado ocupada mirando las de otros para darme cuenta de que la mía también merece ser contada.

Aprender a dejar de compararme no fue fácil. A veces todavía caigo en esa costumbre, pero poco a poco he empezado a celebrar lo mío, mis avances, mis cambios, mis pasos, aunque sean pequeños. Porque mi valor no se mide con la regla de nadie más, y mi camino no necesita parecerse al de los demás para ser válido.

Pequeña Sonia, tu camino, tu vida, no merece ser comparada porque es única, y mucho menos debe ser juzgada, presionada o criticada por otros que ni la conocen ni la viven. Sé que a veces es complicado callar las voces que rondan en tu cabeza por estas comparaciones y por las palabras dolorosas de los demás, y aunque a veces pienses que tu camino es difuso, que tardas mucho en dibujarlo o que faltan cosas, recuerda todo el camino que llevas diseñado por detrás y todo lo que te queda por disfrutar y recorrer, *porque, aunque la vida vaya rápido, no significa que tengas que correr tras ella. Disfrútala.*

Con cariño, tu yo del futuro.

EL MIEDO A DECEPCIONAR A TODOS...
HASTA A MÍ MISMA

Querida yo:

Hay algo que me persigue desde hace tiempo: ese miedo silencioso de no estar a la altura. Miedo de decepcionar a mi familia, a mis amigos, a los que esperan algo de mí... y a mí misma. Porque a veces soy yo la que se exige más que nadie, la que se pone metas imposibles, la que quiere hacerlo todo perfecto para no fallar. Y claro, con ese miedo viene la presión. Esa voz en mi cabeza que dice: *«No puedes equivocarte, no puedes bajar la guardia, no puedes ser menos de lo que esperan de ti».*

El problema es que vivir así cansa. Es como correr una maratón todos los días sin descanso, solo para demostrar que vales la pena.

Un día entendí algo que me costó aceptar: decepcionar a alguien es inevitable. No porque no lo intentes, sino porque nadie puede cumplir con todo, con todos, todo el tiempo. Y, sobre todo, porque a veces las expectativas que tienen de ti ni siquiera son tuyas.

También entendí que fallar no me hace menos valiosa. Que decepcionarme a mí misma no significa que me quede ahí para siempre, que puedo volver a intentarlo, cambiar de camino, empezar otra vez.

Quizás la clave no es no decepcionar nunca, sino aprender a vivir sin ese miedo, con la certeza de que quienes de verdad me quieren estarán aquí, incluso cuando no sea perfecta.

Y yo… yo también quiero aprender a quedarme conmigo, incluso en esos días en que no soy quien esperaba ser.

Por eso, pequeña Sonia, no tengas miedo de equivocarte, fallar o decepcionar. No tienes por qué cargar con la etiqueta de «perfección».

Con cariño, tu yo del futuro.

4

Sueños, futuro y sociedad

Voy rodando por los suelos del olvido,
buscando un sueño que me lleve lejos de aquí.
Mientras tanto, la ciudad sigue su ritmo
y yo me pierdo entre sus calles.
Extremoduro

A veces siento que vivimos rodeados de preguntas sobre el futuro:

- ¿Qué quieres ser cuando seas mayor?
- ¿Ya sabes a qué universidad vas a ir?
- ¿Y tu plan de vida?

Como si debiéramos tener todas las respuestas desde los quince años, como si la vida fuera una carrera y los que tardan en decidirse pierden.

La sociedad nos vende la idea de que hay una sola forma correcta de soñar: estudiar, trabajar, tener éxito, formar una familia... Y si quieres algo diferente, parece que tienes que justificarlo mil veces.

Pero los sueños no deberían ser jaulas con forma de plan perfecto. Los sueños cambian, se rompen, se reinventan. Y está bien, porque también cambiamos nosotros.

Me he dado cuenta de que soñar no es solo imaginar un futuro brillante; es atreverse a desear algo, aunque no encaje con las expectativas de todos. Es tener el valor de decir: *«Quiero esto para mí, aunque no sea lo que esperan de mí».*

La sociedad habla mucho de éxito, pero casi nunca de felicidad. Como si ser feliz fuera menos importante que tener un trabajo impresionante o una vida que se vea perfecta desde afuera.

Yo quiero aprender a soñar en mi propio idioma; a crear un futuro que me haga sentir viva, aunque no se parezca al de nadie más. Porque, al final, *lo único peor que fallar en mis sueños sería vivir la vida soñando lo que otros querían para mí.*

Empecemos a crear nuestra vida por nosotras mismas.

La presión por tener un plan

Querida yo:

A veces parece que la vida es una carrera y yo ni siquiera sé dónde está la meta. Todo el mundo pregunta: *«¿Y cuáles son tus planes en la vida?»*. Como si tener quince, dieciséis o veinte significara que ya deberías saber exactamente a qué te vas a dedicar, qué camino vas a tomar, cómo va a ser tu futuro.

Y si dices «no sé», algunos te miran como si hubieras fallado un examen, como si la vida fuera un proyecto que hay que presentar ya mismo para no perder tiempo. Pero yo creo que no hay un solo plan correcto, ni una sola forma de vivir bien.

La presión por tener todo claro, por tener éxito, por «aprovechar cada minuto» a veces asfixia. Nos hace sentir que no podemos equivocarnos, que cambiar de idea es fracasar, que tomarnos un tiempo para descubrirnos es perder.

La verdad es que nadie tiene todas las respuestas, ni siquiera los adultos que dicen tenerlas. La vida no es un camino recto; hay curvas, desvíos, atajos y también días donde no pasa nada… y está bien así.

No tener un plan perfecto no significa que estés perdido. Significa que estás vivo, que estás aprendiendo, que te estás dando permiso de descubrir lo que realmente quieres, sin tener que fingir que ya lo sabes todo.

Tal vez la vida no se trate de tener un plan fijo, sino de ir construyendo uno nuevo cada vez que cambian tus sueños, tus metas o incluso tú mismo.

Como hablamos antes, pequeña Sonia, la vida está llena de cambios, de caminos que dibujas y desdibujas, y darte tiempo para elegir qué camino tomar o cambiar está bien. La vida no es una prueba de velocidad, es una prueba de explorar y descubrir, y tú eres la única que puede encontrar su camino, su vida.

Con cariño, tu yo del futuro.

EL MIEDO A EQUIVOCARSE
Y LA LIBERTAD DE EMPEZAR DE NUEVO

Querida yo:

Hay un miedo que me acompaña casi siempre: *el miedo a equivocarme.*

Como si cada decisión fuera una línea que no se puede borrar. Como si un error definiera todo lo que soy. Como si fallar significara quedarme atrapada para siempre en ese momento.

Ese miedo me ha hecho pensar dos, tres, diez veces antes de hacer algo. Me ha hecho callar cuando quería hablar, me ha hecho quedarme quieta cuando quería correr. Pero últimamente estoy aprendiendo algo que me está cambiando la vida: *equivocarse no es el final de nada.*

Claro que duele. Claro que a veces quisiéramos retroceder en el tiempo y hacerlo diferente. Pero equivocarse también te obliga a mirar de cerca quién eres, qué quieres, qué necesitas cambiar.

Y lo más importante: *siempre existe la libertad de empezar de nuevo.*

Un error no te encierra para siempre. No te define. No te quita la posibilidad de volver a intentarlo, de aprender, de elegir otro camino.

La vida no es un examen que se aprueba o se suspende. Es más como un cuaderno lleno de tachones, de páginas nuevas, de palabras que borras y vuelves a escribir, hasta que por fin tienen sentido para ti. Así que sí, tengo miedo a equivocarme, pero ahora también tengo algo más: *el valor de empezar otra vez las veces que haga falta.*

¿Recuerdas esos miedos por no sacar las mejores notas, porque parecía que nunca era suficiente y que si esa nota no era «buena», se tachaba de fracaso? La ansiedad, el miedo a fallar, a no tener las mejores notas, a no destacar generó un nudo tan grande en mi pecho que no me dejaba respirar y durante mucho tiempo me acompañó en muchas facetas de mi vida. «Si digo algo y la lío»; «seguro que esta asignatura, que es difícil, no la saco, y eso que he estado meses preparándola; mejor la dejo para otro año»; «pfff, no sé si empezar a escribir; ¿y si no sale bien? ¿y si mi obra no es suficientemente buena?»; «no voy a decirle que me gusta; ¿y si me rechaza? Qué vergüenza»; «no voy a bailar, cantar, recitar… ¿Y si me caigo? ¿Y si me equivoco?».

Los «y si» rondaban tanto por mi cabeza que no me dejaban ser yo misma, hasta que entendí que equivocarse es parte del proceso; que si te caes bailando te levantas y te ríes, porque no pasa nada; que si te rechazan, no se acaba el mundo; que si la obra no sale adelante, será tuya y tendrá tu esencia impregnada, y eso es más que suficiente; que si una asignatura es difícil, te enfrentas, y si fallas, vuelves a por ella.

Por todo esto, pequeña Sonia, no tengas miedo a fallar, a caer o a equivocarte. Vivimos en cierta parte para eso, para aprender, y para poder hacerlo hay que equivocarse,

porque no tenemos las respuestas a todo, ni una bola má-
gica que nos indique cómo tenemos que actuar, hablar o
comportarnos. Solo estamos nosotras, con nuestros errores
y aciertos, y con ellos vivimos y crecemos.

Con cariño, tu yo del futuro.

Soñar a lo grande sin miedo

Querida yo:

Siempre he escuchado eso de *«sueña en grande»*. Pero cuando de verdad intento hacerlo, aparece esa voz en mi cabeza que me dice: *«¿Y si fallas? ¿Y si haces el ridículo? ¿Y si no puedes?»*.

Creo que por eso a veces nos conformamos con soñar en miniatura: porque duele menos si no sale bien. Como si soñar en grande fuera solo para los valientes, para los que tienen todo resuelto, para los que parecen tan seguros de sí mismos.

Pero ¿sabes qué? Nadie lo tiene todo resuelto, nadie tiene un manual para cumplir sueños. Y, aun así, la gente logra cosas enormes. Quizás no porque no tengan miedo, sino porque deciden caminar con él de la mano.

Soñar a lo grande, sin miedo, no significa que todo salga perfecto. Significa atreverte a imaginar una vida que te emocione, incluso cuando no sabes cómo llegar ahí. Significa permitirte querer más, pedir más, buscar más, aunque haya gente que te diga que es imposible.

Porque, al final, soñar en grande es un acto de rebeldía. Es decir: *«Creo que merezco algo mejor, algo diferente, algo mío»*.

Y puede que el camino sea largo. Puede que tropieces mil veces. *Pero prefiero equivocarme persiguiendo algo enorme que quedarme quieta, segura y vacía.*

Pequeña Sonia, quién nos iba a decir que algún día acabaríamos escribiendo libros que ayudarían a mucha gente, y que conseguiríamos algún premio por ellos; algo que pensábamos que sería imposible, pero nos dejamos soñar en grande. Estudiaste caracterización y efectos especiales cuando la gente lo veía como un simple *hobby* y sueñas tanto con ayudar a la gente que, aunque a veces ese sueño parezca lejano, año tras año te vas acercando.

No dejes de soñar, no tengas miedo dar el primer paso, porque si estás convencida de que algo es para ti, no puedes decepcionarte a ti misma dejándolo a un lado sin haberlo intentado.

Con cariño, tu yo del futuro.

LAS INJUSTICIAS QUE DUELEN: EMPATÍA Y MUNDO REAL

Querida yo:

Desde pequeña te enseñaban que el mundo era un lugar justo; que si te portabas bien, si trabajabas duro, si eras «buena persona», las cosas buenas iban a llegar. Pero después crecí un poco y me di cuenta de que no siempre es así.

Vi a gente que lo daba todo y, aun así, le faltaba tanto… Vi a personas buenas pasando cosas terribles, y a veces a personas que no lo eran tanto recibiendo todo lo que querían. Y ahí empezó a doler.

Las injusticias duelen porque nos rompen esa idea infantil de que la vida siempre es lógica y justa, y de que el mundo funciona siempre desde el amor.

Y claro, podríamos cerrar los ojos para no ver. Podríamos fingir que no pasa nada mientras no nos toque a nosotros. Pero hay algo dentro, una especie de empatía terca que no me deja hacer eso.

Siento rabia cuando veo injusticias, siento tristeza, siento ganas de hacer algo, aunque no siempre sepa qué. Supongo que crecer también es aceptar que el mundo no es perfecto, pero que eso no significa quedarnos de brazos cruzados. Que, aunque no podamos cambiarlo todo, sí podemos cambiar pequeñas cosas: cómo tratamos a otros, qué palabras usamos, a quién escuchamos, a quién defendemos.

Porque la empatía no lo arregla todo, pero es un comienzo. Y aunque a veces duela sentir tanto, creo que es mejor que dejar de sentir.

Pequeña Sonia, cuando crezcas más, verás cosas terribles que te darán rabia, impotencia y que muchas veces no podrás hacer nada, simplemente observar y llorar en silencio. Pero otras veces podrás actuar, aportar tu granito de arena, tener voz y gritar. Tendrás las ideas tan claras que algunos te admirarán por ello y otros te mirarán por encima del hombro y te tacharán de muchos apelativos.

Serás valiente y no callarás, *porque es mejor morir defendiendo lo que crees que vivir callada.*

Con cariño, tu yo del futuro.

ENCONTRAR TU VOZ:
APRENDER A HABLAR SIN MIEDO

Querida yo:

Durante mucho tiempo pensé que mi voz no importaba. Que lo que yo sentía, lo que pensaba, era mejor guardarlo en un rincón para no molestar, para no equivocarme, para no hacer ruido.

Me acostumbré a callar. A asentir cuando quería decir que no, a sonreír cuando por dentro tenía mil preguntas, mil ganas de opinar, mil emociones que querían salir.

Pero el silencio pesa. Pesa como un saco lleno de palabras no dichas, de emociones tragadas, de opiniones que nunca se escuchan.

Encontrar mi voz ha sido un proceso lento. Al principio fue un susurro tímido, apenas un «creo que no estoy de acuerdo» o un «me siento así». Y sentí miedo, claro. Miedo de que se rieran, de que no entendieran, de que alguien pensara que exageraba.

Pero con cada palabra que dije, con cada emoción que dejé salir, me fui dando cuenta de algo: *hablar no me hacía débil. Me hacía libre.*

Ahora sé que mi voz no tiene que ser perfecta ni siempre fuerte. Solo tiene que ser mía, porque hablar no siempre cambia el mundo, pero sí puede cambiarme a mí. Y eso ya es un comienzo.

Escucharás repetidas veces opiniones desvalorizando lo que dices: «eres todavía muy joven», «¿me vas a dar clases tú a mí con la edad que tengo?», «estás en esa etapa de rebeldía, ya se te pasará», «es que te han comido la cabeza, por eso piensas así». Pero, al final, pequeña Sonia, son eso, opiniones.

No dejes de hablar porque haya gente que no te quiera escuchar. Al final nosotras creemos de corazón que lo mejor que tiene el ser humano es la capacidad para comunicarse, intercambiar ideas que nos hagan plantearnos otros escenarios, reforzar nuestras opiniones o incluso darles alguna vuelta.

Y esas personas que no quieren participar de esta forma, simplemente están encerradas en sí mismas. Por eso, pequeña, no gastes tu tiempo en personas que no valoren tus palabras, *porque tienes mucho que decir y hay muchas personas que quieren escucharte.*

Con cariño, tu yo del futuro.

5

Lecciones que no enseñan en la escuela

*Jesucristo García se escapó de la escuela,
porque la vida es más dura que cualquier lección.*
Extremoduro

En la escuela aprendí muchas cosas: fórmulas, fechas, nombres de planetas, cómo resolver un problema de matemáticas en tres pasos. Pero hay otras lecciones que nadie me enseñó, esas que no vienen en un libro ni en una pizarra.

Nadie me dijo que la vida no siempre es justa, que hay días donde puedes hacerlo todo bien y, aun así, algo sale mal, que hay personas que se quedan y otras que simplemente no lo harán, por mucho que las quieras. Nadie me enseñó cómo se navega el miedo, la soledad, el duelo. Ni cómo seguir cuando el corazón se rompe, cuando fallas, cuando te decepcionas a ti misma.

La escuela nunca tuvo una clase sobre cómo aceptar que los sueños cambian, que la gente cambia, que tú cambias.

Tampoco hubo un examen sobre aprender a quererme sin condiciones. Ni un taller sobre cómo pedir ayuda sin sentirme débil. Ni un recreo dedicado a aprender a soltar lo que ya no me pertenece.

Son lecciones que llegan con la vida, a veces a golpes, a veces con pequeñas alegrías que parecen insignificantes, pero que te salvan en silencio.

Tal vez esas son las lecciones más importantes, las que aprendes viviendo, cayendo, levantándote, sintiendo… Las que no tienen calificación, pero sí te marcan para siempre. Como una vez dijo mi padre cuando le salió su corazón vallecano: «Las lecciones que te enseña la calle».

La vida no trata solo de notas, matemáticas, historia o lengua. La vida también trata de dolor, alegría, lecciones duras y otras más amenas, de aprender a vivirla…

Así que agárrate, porque vamos a aprender algunas lecciones que el colegió no nos enseñó.

No tener todo claro a los quince ni a los veinte, y está bien

Querida yo:

Cuando tenía quince años pensaba que a los veinte iba a tenerlo todo resuelto: la carrera perfecta, un grupo de amigos inseparable, un amor que durara para siempre y un plan de vida que sonara impresionante cuando alguien me preguntara: «*Y tú, ¿qué quieres ser?*».

Pero aquí estoy, a veces con más dudas que certezas, con planes que cambian de forma cada seis meses, con metas que ya no me suenan como antes y con la sensación de que sigo descubriendo quién soy.

Y ¿sabes qué? Al principio, eso me daba miedo. Me hacía sentir atrasada, como si hubiera una línea de salida y todo el mundo corriera hacia una meta clara, mientras yo seguía parada sin saber siquiera en qué dirección empezar a caminar.

La sociedad nos hace creer que hay una edad para todo: para saber qué estudiar, para enamorarse, para independizarse, para «ser alguien en la vida», para tener hijos. Y cuando no cumples con esos tiempos invisibles, parece que algo en ti está mal.

Pero la verdad es que nadie lo tiene todo claro. Algunos fingen mejor, otros improvisan, otros creen tener un plan y lo cambian por completo en cuanto la vida les pone algo inesperado en el camino.

Crecer me está enseñando que la vida no es una línea recta, es más bien un mapa con caminos que se bifurcan, con puertas que se abren cuando menos lo esperas, con vueltas que parecen errores, pero terminan llevándote a lugares maravillosos.

He conocido gente que a los veinticinco cambió de carrera después de haber estudiado cinco años algo que no les hacía feliz, gente que encontró su pasión a los cuarenta, gente que se enamoró por primera vez a los cincuenta. Y todos ellos me enseñaron que *la vida no tiene un solo ritmo, y no hay un tiempo «correcto» para nada.*

No tener todo claro no es fracasar, es simplemente vivir con honestidad, aceptar que es normal tener dudas, equivocarse, cambiar de opinión, probar cosas nuevas. A veces necesitas perderte un poco para encontrarte de verdad.

Así que sí, no lo tengo todo claro a los quince ni a los veinticuatro. Y está bien. Porque la vida no es una carrera para ver quién llega primero, sino un viaje para aprender, cambiar, crecer y, sobre todo, disfrutar.

Al final, pequeña Sonia, nadie te va a pedir un currículum de decisiones correctas. Lo único que importa es que hayas vivido una vida que se parezca a ti.

Con cariño, tu yo del futuro.

Celebrar tus pequeñas victorias

Querida yo:

Por mucho tiempo pensé que las victorias eran solo esas cosas enormes que todos podían ver: ganar un trofeo, sacar la mejor nota, ser aceptada en una universidad importante, cumplir un sueño que suena bonito cuando lo cuentas en voz alta.

Las pequeñas cosas, esas que no salían en fotos, me parecían casi invisibles. Pero con los años me di cuenta de algo: *la vida está hecha, sobre todo, de esas victorias pequeñas que casi nadie nota, excepto tú.*

Como cuando lograste salir de la cama en un día en que no querías ni abrir los ojos; como cuando dijiste «no» a algo que no querías hacer, aunque te temblaran las manos; como cuando fuiste sincera con alguien, aunque la voz te sonara bajita, o cuando te miraste al espejo y, por un momento, no te juzgaste tan duro como de costumbre.

Todas esas son victorias. Y no porque sean espectaculares, sino porque te costaron. Porque solo tú sabes la batalla interna que libraste para llegar ahí.

El problema es que nos enseñan a aplaudir lo que parece grande; a celebrar cuando alcanzamos la meta, pero no cuando aprendemos a dar los primeros pasos; a gritar de orgullo cuando llegamos a la cima, pero no cuando sobrevivimos al camino lleno de tropiezos.

Y la verdad es que cada paso cuenta; cada avance, por mínimo que parezca, es un recordatorio de que lo sigues intentando.

Muchas veces me pregunto: *¿por qué somos tan duros con nosotros mismos? ¿Por qué esperamos el gran logro para sentirnos suficientes?*

Ahora creo que celebrar las pequeñas victorias es un acto de amor propio. Es decirte: *«Sé cuánto te costó llegar hasta aquí, y estoy orgullosa de ti».*

Pequeña Sonia, no importa si nadie más lo ve, no importa si parece insignificante. *Si a ti te importó, si a ti te cambió un poquito el día, ya es suficiente motivo para celebrarlo.*

Porque crecer duele, y aprender a aplaudirte incluso en silencio hace que duela un poquito menos.

Con cariño, tu yo del futuro.

Decir «no» sin sentirme mala

Querida yo:

Decir «no» nunca fue fácil para mí. Por alguna razón, siempre me dio miedo que sonara como egoísmo, como si estuviera decepcionando a alguien, como si dijera «no me importas».

Así que decía «sí», aunque quisiera decir «no».

«Sí» a planes que no me apetecían.

«Sí» a favores que me dejaban agotada.

«Sí» a conversaciones, cuando lo que necesitaba era silencio.

Hasta que un día me di cuenta de que *decir «sí» a todo era decirme «no» a mí.*

No es fácil entenderlo, porque desde pequeños nos enseñan que ser «buena persona» es complacer, estar disponible, no molestar. Pero la verdad es que poner límites no te hace mala. *Te hace honesta.*

Decir «no» es un acto de cuidado propio. Es reconocer que no puedes con todo, que a veces necesitas espacio, descanso, tiempo para ti. Es entender que tu valor no está en cuántas veces dices «sí» a otros, sino en cuántas veces eres capaz de escucharte a ti misma. Y sí, al principio cuesta. La culpa aparece. El miedo a decepcionar, también. Pero con el tiempo te das cuenta de que quien te quiere de verdad no te quiere por lo que haces por él, sino por quién eres.

Decir «no» no te hace mala. Te hace humana. Te hace alguien que se respeta lo suficiente para no romperse por encajar en las expectativas de los demás.

Querida Sonia, te darás cuenta de que cuando empieces a poner límites, cuando empieces a decir «no», habrá gente que lo respetará porque entiende que tienes voz propia para decidir, y otra que se enfadará, insistirá, intentará manipular, y si no consigue lo que quiere, te montará un espectáculo y se irá tachándote de egoísta, de mala persona, de inmadura… De estas últimas aléjate, porque las personas que realmente te quieren te respetarán por encima de todo.

No lo olvides: *tu salud, tu amor hacia ti va por delante de cualquier «sí» por complacer.*

Con cariño, tu yo del futuro.

ELIGE TUS BATALLAS

Querida yo:

Hubo un tiempo en el que parecía que todo era una batalla:

- Defender mis decisiones.
- Explicar por qué hacía las cosas a mi manera.
- Contestar cuando alguien decía algo que me hería.
- Demostrar que podía con todo, aunque por dentro estuviera agotada.

Me sentía como si la vida fuera un campo de guerra y yo tuviera que salir con la armadura puesta todos los días.

Con el tiempo entendí algo que me cambió la vida: no todo merece mi energía:

- Hay personas que discuten solo por discutir.
- Situaciones que no van a cambiar, aunque gastes horas tratando de convencer a alguien.
- Comentarios que hablan más del que los dice que de ti.

Y cada vez que respondía, cada vez que me quedaba en esas peleas inútiles, algo dentro de mí se desgastaba. Aprender a elegir tus batallas es, en el fondo, aprender a proteger tu paz. Es preguntarte antes de reaccionar:

- ¿Esto me importa lo suficiente como para perder mi calma?
- ¿Vale la pena demostrar que tengo la razón si la conversación no me lleva a nada?
- ¿Voy a recordar esta discusión en cinco años? ¿En un mes siquiera?

La mayoría de las veces, la respuesta es no.

A veces ganar es aprender a dejar ir. Elegir tu silencio. No porque te falten argumentos, sino porque ya no quieres perderte a ti misma en el ruido de los demás.

El orgullo nos hace creer que tenemos que responder siempre, que ceder es perder. Pero hay una libertad enorme en mirar algo que antes te habría desbordado y decir: *«No. Hoy no voy a gastar mi energía en esto»*.

Hay batallas que merecen tu voz: cuando se trata de ti, de tus valores, de algo que realmente define quién eres. Pero la mayoría son solo distracciones que te roban tiempo, tranquilidad y hasta el sueño.

Así que sí, elijo mis batallas. Elijo la paz antes que la guerra innecesaria; elijo callar a veces, no por miedo, sino porque ya entendí que mi energía es limitada y que quiero usarla para crecer, para crear, para amar, no para pelear con fantasmas que no llevan a ninguna parte. *No todo merece una guerra, y yo merezco paz.*

Pequeña Sonia, no pierdas tu tiempo, tu energía, tu paz en batallas sin sentido, en peleas contra un muro o en mentes tan cerradas que no merecen la pena descubrir. Elegir sabiamente qué peleas sí y cuáles no es algo que aprenderás a base de discusión tras discusión, pero la Sonia del futuro se adelanta para que ahorres esa energía tan bonita en proyectos que te vendrán más adelante.

Con cariño, tu yo del futuro.

LA PRIMERA VEZ QUE PERDÍ A ALGUIEN
Y EL SILENCIO QUE DEJA LA AUSENCIA

Querida yo:

Vivimos en una sociedad que no le da importancia a la muerte; la ignoramos, no queremos hablar del tema y, al final, la muerte es parte de la vida. Como menciona mi psicóloga, «la muerte es una de las etapas más importante de la vida humana». Qué llamativo, e incluso irónico, que la ausencia de vida sea la etapa más importante de la vida misma.

Durante mucho tiempo fue un tema que no paraba de rondarme la cabeza; no me dejaba dormir, me paralizaba, lloraba y no sabía exactamente qué era lo que me daba miedo, y luego descubrí que eran dos cosas: *la soledad y el miedo a no haber aprovechado la vida y morirme sin sentir que había hecho lo que me hacía feliz.* Y es que, si lo piensas, la vida se te escapa de las manos y muchas veces se te va sin estar preparada. Es un arma de doble filo: te da felicidad a la par que te da dolor y solo queda abrazar ese dolor, entenderlo y aceptarlo.

Trabajando esto, pequeña Sonia, puedo decirte que aproveches la vida, que el miedo a no hacer algo es menor al dolor de no haberlo hecho.

Quién nos iba a decir que íbamos a lograr todas esas cosas que nos hacían felices, con el miedo que eso nos daba.

Haber conseguido, en general, millones de objetivos que por miedo o vergüenza no hubiésemos hecho, y es que al final entendimos que el miedo es una barrera que nosotros mismos nos ponemos y muchas veces difícil de derribar, pero que con valentía y convicción se puede hacer. No te vayas de esta vida sin sentir que tus objetivos están siendo cumplidos, con la cabeza bien alta y orgullosa, gritando que el miedo no te pudo.

Por otro lado, pequeña Sonia, tenemos que hablar de la primera vez que perdimos a alguien. Fue cuando era pequeña y mi abuelo murió de cáncer de pulmón; yo no entendía del todo qué significaba «morir», pero recuerdo las lágrimas brotando sin parar por mis ojos y el silencio que se instaló en la casa, el dolor de mamá, la forma en que las voces de los adultos sonaban distintas, como si se hubieran roto por dentro.

Recuerdo que pregunté si lo volvería a ver y alguien me dijo que no. Así, con esa simpleza que a los adultos les parece lógica, pero que a un niño le deja un vacío en el pecho que no sabe cómo llenar. Ese día lloré, porque, aunque no entendía qué era la muerte, sabía que no era un viaje, que no había regreso, que no existían más mañanas para él. Pero algo en mí cambió, como si la vida me hubiera dado mi primera clase sobre lo frágil que puede ser todo.

Pasaron los años y a los veinte perdí a Copito, mi conejo. Puede que para algunos un animal no sea «tan importante», pero, para mí, Copito había sido compañía, risas, pequeñas rutinas que llenaban los días… Cuando murió, sentí que la casa estaba demasiado callada. Ese silencio fue diferente: no era el silencio solemne del día que murió mi abuelo, era un silencio cotidiano, como si cada rincón me recordara que ya no estaba corriendo por ahí. Y ahí entendí que *el dolor no depende del tamaño de quien se va, sino del lugar que ocupaba en tu corazón.*

A los veintitrés llegó otra pérdida: mi tía murió de cáncer. Con ella no conviví tanto como con mi abuelo o con Copito, pero su muerte me removió de otra manera. Me trajo un miedo nuevo, un rechazo profundo hacia esa palabra: «cáncer». Se sintió como si fuera un monstruo silencioso que podía aparecer en cualquier momento y llevarse a cualquiera sin previo aviso. Y aunque no la conocía tan de cerca, su partida me llenó de pensamientos oscuros sobre la fragilidad de la vida, sobre cómo todo puede cambiar en un instante. *Fue un recordatorio de que nadie es intocable.*

Y cuando creí que ya había aprendido a despedirme, a los veinticuatro murió Stitch, mi chinchilla, en un accidente. Fue tan repentino que ni siquiera tuve tiempo de prepararme. No hubo enfermedad larga que me advirtiera de lo que se venía. Un segundo estaba aquí y, al siguiente, ya no. Ese fue un dolor diferente: el de la sorpresa, el de la culpa, el de pensar mil veces qué pude haber hecho para evitarlo.

Con cada pérdida, el silencio que dejan ha sido distinto.

- El de mi abuelo fue el silencio del no entender.
- El de Copito, el silencio del hogar vacío.

- El de mi tía, el silencio de la injusticia.
- El de Stitch, el silencio del «¿por qué tan rápido?».

Pero todos esos silencios se parecen en algo: *te obligan a escuchar tu propia tristeza*. A veces hasta tu propia soledad.

Lo que he aprendido es que ese silencio nunca se va del todo. Se queda contigo, pero cambia. Al principio duele, quema, aprieta. Con el tiempo se vuelve un recuerdo que duele menos, aunque sigue estando ahí, como una cicatriz que ya no sangra, pero que no se olvida.

Pequeña Sonia, perder a alguien es aprender a vivir con espacios vacíos y, a veces, la única forma de llenarlos es con amor, con memoria, con la certeza de que, aunque no estén, vivieron en ti, y eso nadie te lo puede quitar.

Con cariño, tu yo del futuro.

6

Momentos que se quedan para siempre

¿Qué es poesía?, dices mientras clavas
en mi pupila tu pupila azul.
¡Qué es poesía! ¿Y tú me lo preguntas?
Poesía... eres tú.
Gustavo Adolfo Bécquer

Hay días que pasan y no dejan huella. Son como hojas sueltas en el viento, que se alejan sin que las recuerdes demasiado. Pero luego están **los otros días**. Esos que se clavan en la memoria y se quedan ahí, como si llevaran un letrero invisible que dice: *«No me voy a ir nunca»*.

A veces son felices:

- El primer abrazo después de una mala noticia.
- La sonrisa de esa persona especial clavada en tus pupilas.
- La tarde en que reí hasta que me dolió la mandíbula.
- El momento en que alguien me miró con un cariño tan puro que quise congelar el tiempo.

Otras veces son tristes:

- La última conversación con alguien que ya no está.
- El sonido de una puerta que se cierra y sabes que no volverá.
- El día en que descubriste que el amor no siempre basta para quedarse.

Es curioso cómo el corazón guarda recuerdos sin preguntar si son alegres o dolorosos. Solo los guarda. Los hace parte de ti.

Creo que **los momentos que se quedan para siempre** no son siempre los más grandes ni los más importantes. A veces son cosas pequeñas:

- La canción que sonaba de fondo mientras bailabas sola en tu cuarto.
- El olor del café una mañana cualquiera.
- La forma en que alguien te tomó de la mano sin decir nada cuando más lo necesitabas.

Son instantes que, por alguna razón, la vida decide tatuarte en el alma. Y aunque duelan, aunque a veces quieras olvidarlos, al final son ellos los que te recuerdan que estuviste aquí, que viviste, que sentiste todo con intensidad.

Tal vez eso es lo que hace que valga la pena: saber que no podemos controlar qué se queda, pero sí podemos aprender a atesorarlo, a darle un lugar, a dejar que esos momentos, buenos o malos, nos enseñen algo sobre quiénes somos.

Porque al final, somos un poquito de cada instante que se quedó para siempre.

No tengas miedo de los recuerdos, toma aire y abrázalos.

El primer viaje lejos del manto de tus padres: miedo y libertad en la misma maleta

Querida yo:

No sabes la adrenalina que sentí ese día que me dieron la L del coche. Miles de sentimientos de alegría, emoción y una sensación de independencia y libertad que abrazaba cada pedacito de mi ser.

La primera vez que viajé sola no fue a miles de kilómetros ni a otro país. Fue a un mirador, a una hora de casa, pero sentí que el mundo entero estaba ahí esperándome. Recuerdo la mochila pequeña, el corazón acelerado y la sensación de que, aunque fuera un viaje corto, había algo diferente: *iba yo, sola, con mis pensamientos, con mis miedos, con esa mezcla de nervios y emoción que te sacude el pecho.*

Ese primer viaje me enseñó que viajar sola no siempre es atravesar fronteras. A veces es subirse al coche con el estómago encogido, llegar a un sitio donde no conoces a nadie y descubrir que, de repente, tú eres tu propia compañía. Me acuerdo de mirar el paisaje desde el mirador y pensar: «Vaya, aquí estoy… y estoy bien».

Claro que tenía miedo: a perderme, a que algo saliera mal, a sentirme fuera de lugar… Pero, al mismo tiempo, había algo mágico en saber que no dependía de nadie, que el único mapa era yo misma. Fue un viaje pequeño, pero marcó el inicio de algo más grande: *la libertad.*

Después vino Galicia con amigos. Técnicamente no iba sola, pero sí era diferente. Fue la primera vez que salía de casa varios días, que organizaba mis cosas, que me preguntaba qué quería ver, hacer, descubrir. Era la música a tope en el coche, la sensación del volante, la adrenalina del acelerador y la emoción compartida entre todos por salir de la que era nuestra burbuja. Galicia era risa, era perderme por calles empedradas, era el viento del mar pegándome en la cara, mientras comíamos en terrazas con acento gallego a nuestro alrededor.

Ese viaje me enseñó otra cosa: *que estar lejos de casa con amigos también es una forma de aprender a estar contigo misma.* Porque entre risas y fotos siempre hay momentos de silencio, y ahí aparecen los pensamientos: ¿quién soy yo fuera de mi rutina?, ¿quién soy yo cuando no hay nadie diciéndome qué hacer?

Y entonces, llegó Salamanca. Fui sola, pero no del todo, porque al final allí estaba mi abuela. Aun así, el trayecto, las horas de carretera, todo ese camino hasta llegar era mío. Recuerdo mirar por la ventana y sentir ese cosquilleo de «estoy haciendo algo por mí, para mí».

Estar en Salamanca con mi abuela fue bonito, pero también me hizo pensar en lo diferente que es viajar sola a un lugar y luego compartirlo con alguien querido. Hay libertad, sí, pero también raíces. Era como tener un pie en cada mundo: uno en el de la independencia, otro en el del hogar que ella representaba.

Al final, pequeña Sonia, viajar lejos del manto de tus padres trae consigo una convivencia contigo misma; es un diálogo contigo, es ir con miedo, pero ir. Es aprender que, a veces, el camino te pertenece, aunque al final del trayecto te esperen personas que amas.

El miedo y la libertad viajan juntos en la misma maleta, pero poco a poco, con cada viaje, el miedo se hace más pequeño, y la libertad, más grande.

Con cariño, tu yo del futuro.

LOS PROFESORES QUE ME HICIERON
LLORAR… Y LOS QUE ME SALVARON

Querida yo:

Dicen que la escuela es como una segunda casa, pero yo recuerdo que durante mucho tiempo fue más bien un lugar donde aprendí a tener miedo. Y no era miedo a las matemáticas o a los exámenes, sino a una profesora de primaria cuyo nombre prefiero callar, aunque en mi memoria aún resuene con un eco incómodo.

Ella tenía un modo particular de dividir la clase: **los favoritos** y **los invisibles**. Los primeros recibían sonrisas, palabras de aliento, un trato cercano; los segundos, entre los que estaba yo, recibíamos silencio, indiferencia y, en el peor de los casos, humillaciones públicas. Tenía la habilidad de convertir cualquier error en espectáculo, de hacer que tropezar con una respuesta o dudar frente a todos fuera una marca imborrable en mi dignidad infantil.

Recuerdo aquellos momentos como pequeñas escenas de teatro donde yo nunca quería ser la protagonista. Mis manos temblaban al levantarme para leer, mi voz se encogía, y lo peor de todo es que, aun esforzándome, nunca parecía ser suficiente. Era como vivir en una competencia donde la meta siempre estaba más lejos para mí.

Al final repetí curso, y aunque quizá hubo muchos factores, en mi corazón siempre quedó la sensación de que ella había contribuido a sembrar esa inseguridad. Repetir no debería ser una condena, pero en ese momento se sintió como una etiqueta, como una señal en la frente que decía «no puedes, no vales tanto como los demás». Y cuando eres niña, esas palabras se te clavan más fuerte que cualquier examen fallido.

Esa profesora me enseñó muchas cosas, aunque no fueran las que debía: me enseñó a dudar de mí, a bajar la voz, a tener miedo a equivocarme. Ella dejó cicatrices invisibles, esas que no salen en el boletín de notas, pero que se cargan durante años.

Pero el tiempo, con su manera de equilibrar, puso en mi camino a profesores y profesoras maravillosas, como Silvia; ella llegó en bachillerato, justo cuando más necesitaba a alguien que me mirara de otra forma. Desde el primer día noté la diferencia: en su clase no había favoritos, había personas. Y en lugar de hacerme sentir pequeña, Silvia parecía estar siempre buscando cómo hacer que cada uno descubriera que era más grande de lo que creía.

Con ella descubrí algo que hasta entonces parecía imposible: *que mis palabras podían importar*. Fue ella quien me animó a escribir, quien me habló de concursos literarios, como si fueran una aventura a la que yo también tenía derecho a lanzarme. «Tienes algo que contar», me dijo una vez. Y esa frase todavía la guardo como un tesoro.

Gracias a Silvia me presenté a concursos de literatura y gané algunos. Me animé a publicar mi primer libro, algo que nunca hubiera imaginado. Pero más allá de esos logros, lo que realmente me regaló fue la confianza en mí misma. Ella me enseñó que escribir no era solo un pasatiempo, sino un modo de estar en el mundo, de decir: *aquí estoy, y así soy.*

En sus clases no había humillación, sino puertas abiertas. No había miedo, sino preguntas que invitaban a pensar. Con ella descubrí que un buen profesor no se mide por el temario que enseña, sino por la semilla que deja. Y la suya fue la semilla de la pasión por las letras, por los poemas, por todo lo que hoy forma parte de quien soy.

Entre aquella profesora de primaria y Silvia había un abismo, y quizá por eso las recuerdo a ambas con tanta claridad. Una me enseñó lo que significa apagar la voz de alguien, la otra me enseñó lo poderoso que es encenderla.

Con los años he entendido que los profesores son más que transmisores de conocimientos. Son, muchas veces, espejos donde los niños y adolescentes aprenden a mirarse. Con un gesto, con una palabra, pueden elevarte o hundirte. Y eso es un poder inmenso que a veces olvidamos que tienen.

Con esto, pequeña Sonia, quiero confesarte que hay profesores que dejan cicatrices, y otros que dejan alas. Los primeros te hacen sentir que no eres suficiente; los segundos, que el mundo está lleno de posibilidades para ti. Y lo curioso es que ambos se quedan contigo para siempre: uno como una herida, el otro como una brújula.

Yo tuve a los dos, y aunque duele pensar en las lágrimas que derramé en aquellas clases de primaria, también me reconforta saber que Silvia llegó después para recordarme que las heridas no definen el futuro. Que un mal maestro puede marcarte, pero un buen maestro puede salvarte.

Por eso, cada vez que pienso en lo que me enseñaron mis profesores, no pienso en las tablas de multiplicar ni en las fechas históricas. Pienso en cómo aprendí a tener miedo y cómo aprendí, después, a confiar otra vez.

A Silvia, esa gran maestra para mí me gustaría agradecerte de corazón, en forma de carta:

Querida Silvia:

Si supieras cuánto significaron tus palabras en ese momento de mi vida… Quizá para ti fue solo una frase de aliento, un gesto natural de tu manera de enseñar, pero para mí fue un cambio de rumbo.

Tú me miraste de otra manera, sin favoritismos, sin miedo. Me animaste a confiar en que tenía algo que decir. Y, poco a poco, gracias a tu confianza, descubrí que mis palabras podían ser mi lugar en el mundo.

Gracias a ti entendí que escribir no era solo un pasatiempo, sino un modo de existir.

Los buenos profesores son como faros: no caminan el camino por ti, pero iluminan lo suficiente para que no tengas miedo de seguir adelante. Tú fuiste mi faro, Silvia.

Con cariño eterno, la alumna que aprendió a creer en sí misma gracias a ti.

Durante mucho tiempo he pensado en enfrentarme a aquella profesora que me hirió tanto y creo que la mejor forma es aquí, en este pequeño diario, en forma de carta, de todo aquello que me hubiese gustado decirle:

Querida profesora:

*Han pasado muchos años desde aquellas clases. Yo era
solo una niña, y usted tenía el poder de enseñarme no solo
matemáticas o lengua, sino también a confiar en mí, a sentirme
segura en el mundo. Pero en lugar de eso, me hizo pequeña.*

*Me hubiera gustado decirle, en aquel entonces, que cada
vez que me dejaba en ridículo frente a mis compañeros, una
parte de mí se rompía. Que cada vez que sonreía solo a unos
pocos, los demás aprendíamos que había un muro imposible de
escalar. Que repetir curso no fue solo un tropiezo académico, fue
un golpe a mi autoestima del que tardé mucho en levantarme.*

*Me hubiera gustado pedirle que me mirara diferente,
que entendiera que detrás de mis silencios y mis errores había
una niña con ganas de aprender, con miedo, con sueños que
necesitaban un poco de apoyo. Pero nunca lo hice, porque me
enseñó a callar, a tragarme las lágrimas, a pensar que no valía
tanto como los demás.*

*Con los años, puedo decirle algo distinto: usted no me
definió. Sí, me hirió, pero también me enseñó, de forma cruel,
cómo nunca quiero hacer sentir a otra persona.*

*Ahora sé que los profesores tienen en sus manos más
que libros: tienen futuros. Y usted no cuidó del mío. Pero, por
suerte, alguien más lo hizo.*

*Así que, gracias, aunque duela decirlo. Porque de sus
errores aprendí a valorar la bondad, el respeto y la empatía
de aquellos que sí saben enseñar.*

*Y aunque usted nunca lo sabrá, aquí estoy, escribiendo,
encontrando mi voz, levantando las alas que en su momento
intentó cortar.*

Atentamente,
   la niña que lloraba en su clase… y la mujer que aprendió
a levantarse.

Con cariño, tu yo del futuro.

MOMENTOS QUE TE CAMBIAN
PARA SIEMPRE

Querida yo:

La vida está llena de instantes que pasan sin dejar huella, pero también de otros que se quedan tatuados en la memoria, como si nos atravesaran la piel y el alma al mismo tiempo. No siempre los vemos venir. A veces son silenciosos, pequeños, tan cotidianos que parecen no importar. Y, sin embargo, cuando miras atrás, descubres que fue justo en ese instante cuando algo en ti cambió para siempre.

Recuerdo el primero de esos momentos que me marcó: la muerte de mi abuelo. Yo era pequeña y aún no entendía del todo qué significaba perder a alguien; solo sabía que de pronto había un vacío enorme en casa, un silencio que pesaba más que cualquier ruido. Ese fue el primer golpe con la fragilidad de la vida, fue la primera vez que entendí que nada ni nadie es eterno, y que el tiempo no se detiene, aunque tú lo desees con todas tus fuerzas. Desde entonces, cada vez que respiro hondo en un atardecer, pienso que en algún lugar él está viéndolo conmigo.

Hubo otros momentos, distintos, que no tenían que ver con la muerte, pero que también me transformaron. Como la primera vez que publiqué un texto mío. Ver mis palabras impresas, sentir que alguien más podía leer lo que hasta entonces solo había guardado en mi cuaderno fue un salto hacia una versión de mí que no sabía que existía. Ese día me descubrí a mí misma de otra manera: *alguien capaz de crear, de dejar una huella, aunque fuera pequeñita.*

También están los momentos que parecen simples, pero que por dentro lo cambian todo. La primera vez que viajé sola, con miedo y libertad compartiendo la misma maleta, la primera vez que dije «no» sin sentirme culpable, la primera vez que alguien me rompió el corazón, y entendí que sobrevivir al dolor también era una forma de crecer.

Es curioso, porque en el instante mismo no siempre somos conscientes. A veces piensas que es un día cualquiera y solo después, cuando lo recuerdas, te das cuenta de que ahí empezó una nueva etapa. Como si la vida estuviera llena de pequeñas puertas que se abren y, al cruzarlas, ya no vuelves a ser la misma.

Creo que esos momentos son como estaciones en un viaje: no eliges todas, no controlas cuándo llega el tren ni cuánto dura la parada. Pero cada una te cambia, te enseña algo, te obliga a soltar una parte de ti y a descubrir otra.

Así que, pequeña Sonia, no sé cuántos momentos así me esperan todavía, pero sí sé que los que ya viví me hicieron quien soy ahora. Algunos dolieron como nunca, otros me llenaron de alegría, y la mayoría fueron una mezcla de ambas cosas. Al final, los momentos que te cambian para siempre no son ni buenos ni malos: son necesarios. Es la vida diciendo «despierta, aquí tienes la oportunidad de crecer».

Con cariño, tu yo del futuro.

LA NOSTALGIA Y LA IDEALIZACIÓN
DEL RECUERDO

Querida yo:

Dicen que la nostalgia es como una cajita en la que guardamos los recuerdos, pero siempre adornados con un papel brillante que no tenían en el momento en que ocurrieron. Y creo que es cierto: la memoria no guarda la vida tal y como fue, sino como la sentimos después.

A veces me descubro pensando en mi infancia como si hubiera sido un lugar perfecto, lleno de tardes soleadas, risas y juegos interminables. Pero si me esfuerzo en recordar con detalle, también estaban los miedos, las inseguridades, las lágrimas escondidas debajo de las sábanas. La nostalgia tiene esa habilidad curiosa: pone filtros cálidos sobre escenas que, cuando las vivías, quizá no parecían tan hermosas.

Me pasa con personas también. Hay amistades que hoy recuerdo como mágicas, como si fueran indestructibles. Y, sin embargo, si soy honesta, no siempre fueron así: hubo silencios incómodos, palabras que dolieron, distancias que ya empezaban a crecer. Pero la mente prefiere quedarse con lo bonito, con la parte de la historia que se siente más amable al volver atrás.

Lo mismo ocurre con ciertos lugares. Un mirador donde alguna vez fui sola y sentí miedo lo recuerdo ahora como un rincón de libertad absoluta. O aquellas tardes de verano, que en su momento tal vez se sentían eternas y aburridas, hoy me parecen pequeñas joyas de calma que extraño.

La nostalgia no miente del todo, pero embellece. Es como si la mente se empeñara en idealizar lo que ya no se puede repetir, para que duela menos haberlo perdido. Pero también me pregunto: ¿no es un poco injusto con el presente? Porque mientras miro hacia atrás con melancolía, a veces me olvido de que este instante, aquí y ahora, también será un recuerdo algún día.

Idealizamos el pasado porque nos parece seguro. Ya sabemos cómo terminó, ya no hay sorpresas, y eso da cierta paz. En cambio, el presente nos da vértigo porque sigue escribiéndose, y el futuro nos asusta porque es incierto. Tal vez por eso es tan fácil refugiarse en los recuerdos.

Y, sin embargo, me gusta pensar que no está mal hacerlo de vez en cuando. La nostalgia, con su dulzura y sus trampas, también es una manera de recordar que hemos vivido. Que hemos amado, reído, llorado, crecido. Aunque el recuerdo sea imperfecto, nos conecta con quienes fuimos.

Al final, creo que la clave está en mirar al pasado con cariño, pero no con cadenas. Entender que lo que fue ya no volverá, y que está bien que así sea. Porque lo hermoso de la nostalgia es que nos recuerda lo valioso de haber vivido algo, pero lo hermoso del presente es que todavía nos permite crear momentos que, un día, también idealizaremos.

Con cariño, tu yo del futuro.

Epílogo

He escrito sobre el amor en todas sus formas: el que acaricia y el que hiere, el que se va y el que nunca debería faltar: el propio.

He escrito sobre la amistad que llega como pasajeros de un tren, sobre la familia que sostiene y sobre las ausencias que dejan silencios más grandes que una habitación vacía.

He hablado de maestros que apagaron mi voz y de otros que me regalaron alas. Del miedo a equivocarme, de la presión de tener un plan, de los sueños que cambian de piel como yo cambié la mía.

También puse nombre a la ansiedad, a la tristeza que no se ve, a la dependencia disfrazada de amor. Y celebré las pequeñas victorias, esas que parecen mínimas, pero sostienen mundos enteros.

La nostalgia tiñó algunos recuerdos de dorado, pero aprendí que el presente también merece su brillo. Que crecer duele, pero es un dolor que florece, que transforma, que enseña a mirar distinto.

Todo esto no son respuestas, solo huellas de un camino. Un diario abierto, una voz que, por fin, se atreve. Y si algo queda después de tantas páginas, es esto: la certeza de que seguimos, que siempre se puede volver a empezar, que la vida no se estudia, se escribe.

Así termina este diario, pero no la historia. Porque la historia sigue conmigo, contigo, con todos los que seguimos soñando, equivocándonos, aprendiendo y, sobre todo, atreviéndonos a ser.

Mis últimas palabras de este diario son para ti, pequeña Sonia: sigue viviendo, explorando y siendo feliz. Crece sin miedo y creyendo en ti.

Espero que este pequeño diario te sirva de guía para afrontar este mundo lleno de sombras, pero también de mucha luz. Nos volveremos a ver, porque la Sonia que te escribe tiene todavía mucho más que vivir y aprender. No pierdas la ilusión ni las ganas de vivir la vida, todavía tienes mucho que ver.

Estas son las palabras que me habría gustado escuchar cuando tenía tu edad.

Agradecimientos

Los agradecimientos son esa parte donde una se detiene a reconocer a todas las personas que la acompañaron, no solo en un proceso creativo y literario, sino también en uno profundamente terapéutico.

Y si hay alguien que merece mis primeras y más sinceras gracias, esa es la pequeña Sonia. Sin ella, con sus miedos, su ternura y su fuerza, no sería la mujer que soy hoy.

Este diario nació entre el dolor y la sanación, entre la oscuridad y la luz. Y en todo ese camino he tenido la suerte de no estar sola.

Gracias a mi padre, a mi madre y a mi hermano, por caminar siempre a mi lado.

Al Club de la Chimichanga, por ser ese refugio de risas, apoyo y cariño constante.

A mi maravillosa Alba, que me ha acompañado y sostenido en cada paso de este proceso, y con quien he crecido y aprendido tanto.

A Andrea, la psicóloga del grupo, por estar presente incluso en la distancia y por escribir ese prólogo psicológico tan lleno de sensibilidad.

Y a mi psicóloga, Tamara, por haberme mostrado el camino cuando más oscuridad había, por ayudarme a entenderme y, sobre todo, a abrazarme.

Sin vosotros, esta autora, que sigue aprendiendo a encontrarse entre letras, no sería la misma.

Y, por último, gracias a ti, lector. Gracias por haber dedicado un poco de tu tiempo, de tu vida y de tu corazón a leer estas páginas. Gracias por dejarme acompañarte con mis palabras, con mis heridas y mis aprendizajes.

La vida no es un camino de rosas: cambia, se bifurca, tiene baches y tramos lisos. Pero, sobre todo, es un viaje de aprendizaje. Se trata de crecer, de vivirla con todo lo que trae, los momentos buenos y los malos, de permitirte sentir, llorar, reír y equivocarte.

Como ya dije en estas páginas, la vida puede dibujarse, desdibujarse y volverse a dibujar cuantas veces sean necesarias. No te castigues por errar, ni temas empezar de nuevo; incluso las personas más admiradas tienen detrás montañas de errores, tropiezos y aciertos. Gracias, de verdad.

Esta autora se despide por ahora, con la esperanza de que volvamos a encontrarnos entre páginas y palabras.

Llega un momento en que soltar ya
no duele,
solo pesa un instante… y luego puedes
respirar.

Todo lo que fui me mira desde lejos,
agradecida, cansada, sonriente.

Cerrar un ciclo no es huir,
es honrar lo que ya dio fruto.
Es dejar que lo vivido descanse,
sin exigirle eternidad.

Y mientras el polvo se asienta,
algo en mí vuelve a nacer,
más quieto, más sabio,
más mío.